Prix : 2 Francs.

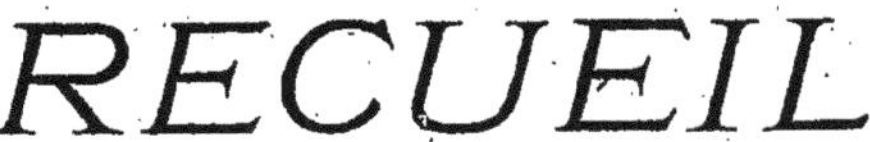

DES

USAGES LOCAUX
de l'Arrondissement du Havre

REVISÉ et COMPLÉTÉ

PAR

La Société d'Agriculture Pratique
de l'Arrondissement du Havre
La Société d'Encouragement à l'Agriculture
de l'Arrondissement du Havre
L'Association Agricole de Saint-Romain

1926

FÉCAMP
IMPRIMERIES RÉUNIES L. DURAND ET FILS

Prix : 2 Francs.

RECUEIL

DES

USAGES LOCAUX

de l'Arrondissement du Havre

REVISÉ et COMPLÉTÉ

PAR

La Société d'Agriculture Pratique
de l'Arrondissement du Havre

La Société d'Encouragement à l'Agriculture
de l'Arrondissement du Havre

L'Association Agricole de Saint-Romain

1926

FÉCAMP

IMPRIMERIES RÉUNIES L. DURAND ET FILS

RECUEIL DES USAGES LOCAUX
de l'Arrondissement du Havre

CHAPITRE PREMIER

De la LOCATION des MAISONS et JARDINS

§ I. — Entrée en Jouissance & Paiement des Loyers

Article premier

A défaut de convention écrite, l'entrée en jouissance pour une maison seule, soit entière soit en partie, a lieu généralement au 29 septembre, sauf pour les villes et bourgs où elle peut avoir lieu aux 4 termes de Pâques, Saint-Jean, Saint-Michel et Noël.

On entend par Pâques le 29 mars et non le jour de la fête.

Article 2

Pour une maison avec cour et jardin ou avec cour, jardin et plantations, l'entrée en jouissance a lieu au jour de Saint-Michel pour tout l'arrondissement.

Article 3

Pour les caves, magasins, écuries, remises, chantiers, hangars et greniers, elle a lieu aux 4 termes ordinaires de l'année : Pâques, Saint-Jean, Saint-Michel et Noël, excepté au Havre où elle a lieu à toute époque de l'année.

Article 4

Pour les jardins avec ou sans arbres fruitiers, elle a lieu aux deux termes de Pâques et de Saint-Michel. Le locataire dont la jouissance expire à Saint-Michel, a un délai pour enlever ses légumes d'hiver ; il a jusqu'au 30 novembre.

Il peut enlever les arbres et arbustes qu'il a plantés, mais à la condition d'en laisser en nombre et en espèces la même quantité qu'il a trouvée lors de son arrivée, en remplaçant ceux qui manquent, à moins qu'ils soient morts par vétusté. Il a pour cet enlèvement, mais sans pouvoir emporter les arbres fruitiers, jusqu'au 30 novembre.

Il doit laisser intacts les asperges et les artichauts, lors même qu'il les aurait plantés.

Article 5

Pour une maison meublée, ou une partie de maison meublée, le bail verbal est fait pour la durée ordinaire de la location des maisons, et les loyers sont payables par trimestres.

Pour un appartement meublé ou une chambre meublée, il est fait au mois, si les loyers se paient au mois ; à la quinzaine ou à la semaine, selon qu'ils se paient à ces intervalles. Au Havre, il en est de même pour un appartement non meublé si les loyers se paient au mois.

Article 6

Les locations indiquées aux cinq articles qui précèdent commencent et cessent à midi, et les clefs doivent être remises à ce moment.

Lorsque le propriétaire ne se trouve pas sur les lieux,

les clefs doivent être remises au Secrétaire de Mairie de la Commune, contre récépissé.

Si la fin de la jouissance est un jour férié, à moins d'entente entre les parties, le déménagement a lieu le jour même.

Article 7

Les paiements des loyers des maisons se font tous les trois mois, aux quatre termes de Pâques, Saint-Jean, Saint-Michel et Noël de chaque année, sauf dans les communes rurales où ils ont lieu tous les six mois aux deux termes de Pâques et de Saint-Michel.

Article 8

La durée des locations verbales n'est pas fixée par l'usage, mais le bailleur et le preneur peuvent toujours la faire cesser par un congé signifié dans les délais qui vont être indiqués sous le paragraphe deuxième ci-après, ce sont ces délais qui fixent la véritable durée du bail.

§ II. — Congés

Article 9

Pour les locations à l'année, le congé est de six mois pour :

1° Une maison entière avec ou sans accessoires, tels que cour pavée et terrasses artificielles, pour sortir à l'un des quatre termes de Pâques, Saint-Jean, Saint-Michel et Noël ; la sortie coïncidant avec la date d'entrée. Sont assimilés à une maison entière : les chantiers de construction, les magasins pour le dépôt ou la conservation des marchandises, de même que les caves, écuries, remises, hangars, greniers ou autres emplacements couverts ou non couverts, formant une propriété entière ou séparée.

2° Une maison avec cour et jardin ou, avec cour en herbage, jardin et plantations, pour sortir à Pâques ou Saint-Michel, de manière à ce que la sortie coïncide avec l'époque d'entrée en jouissance.

Article 10

Il est de trois mois pour :

1° Une partie de maison consistant en deux ou plusieurs pièces distinctes susceptibles d'être occupées séparément ;

2° Une chambre avec une partie de cave ou de grenier ;

3° Les magasins de vente ou boutiques, lorsque la location a lieu pour cet usage, les parties de chantier et les parties de magasin pour le dépôt ou la conservation des marchandises et matériaux, les caves, écuries, remises et hangars dépendant d'une propriété divisée en plusieurs locations.

Article 11

Il est de six semaines pour une chambre non meublée, et pour toute location dont le prix annuel est de 50 francs et au-dessous et dont le loyer se paie par trimestre.

Article 12

Il est de 15 jours pour les locations au mois et les chambres meublées au mois, et de huit jours pour les locations à la quinzaine ou à la semaine.

Article 13

Si le locataire qui avait un bail écrit est resté en jouissance par tacite reconduction, il est nécessaire de lui donner congé dans les délais ci-dessus prescrits.

Article 14

Les délais de congé sont des délais francs ; ils doivent être donnés le jour où commence le terme de sortie avant midi.

Article 15

Le propriétaire n'est pas tenu de donner congé aux sous-locataires et ceux-ci doivent se retirer en même temps que le locataire principal, sauf leur recours contre ce dernier s'il ne les a pas avertis à temps.

Article 16

Les congés peuvent être donnés et acceptés par écrit sous seing privé, sinon leur notification doit être faite par ministère d'huissier.

A partir du congé, le bailleur peut mettre un écriteau pour la relocation et faire visiter les biens aux locataires qui se présenteraient ; ces visites doivent être faites pendant le jour. L'usage veut que le locataire sortant indique au moins deux jours par semaine pour la visite des lieux. Le juge y pourvoit en cas contraire.

Article 17

Toute location donnée comme fraction de salaire cesse normalement par la rupture de l'engagement.

En cas de décès de l'ouvrier, les personnes logeant habituellement avec lui ont droit à un mois pour vider les locaux. Ce délai commence à courir le lendemain du décès.

§ III. — Réparations Locatives

Article 18

Les réparations locatives sont celles indiquées en l'article 1754 du Code Civil. En outre, l'usage a consacré les suivantes auxquelles le locataire est tenu :

1° Le ramonage des cheminées, le nettoyage et le balayage des appartements et des bâtiments ;

2° La rupture de la plaque de fonte placée comme contre-cœur de la cheminée :

3° Le remplacement des croissants qui retiennent les pelles et pinces à feu ;

4° La réparation des chambranles et tablettes de cheminées, sans distinction de ce qui est maçonnerie, menuiserie, pierre ou marbre, sauf l'avant-foyer qui reste à la charge du propriétaire, à moins que le dégât, autre toutefois que l'action du feu, ne provienne du fait du locataire ;

5° Le carrelage des réchauds, le scellement des boîtes en fonte et leur remplacement quand elles sont cassées autrement que par vétusté ;

6° L'aire, c'est-à-dire la partie carrelée des fours et l'aire basse non pavée des écuries et remises ;

7° Les pierres à laver, ainsi que la grille du tuyau quand elles sont cassées ;

8° Les ateliers et mangeoires des écuries et barres de séparation des chevaux ;

9° Les pistons des pompes et l'entretien des cordes. poulies et seaux des puits ;

10° Dans les jardins, la taille des arbres fruitiers, la tonte des haies vives et des gazons, l'entretien des clôtures, bordures, plates-bandes et carrés.

Il est impossible d'énumérer tous les cas qui donnent lieu à des réparations locatives. En général, tout ce qui peut être considéré comme dégradation de pied et de main de la part du locataire rentre dans les réparations que la loi impose ; elles doivent s'ajouter aux prescriptions de l'art. 1754.

Article 19

Le boulanger est en outre tenu à la réparation du pavage et de la motte du four, à l'entretien et au renouvellement même du bouchoir lorsqu'il est usé.

Article 20

Les réparations doivent être faites pour le moment de la sortie, et l'usage donne au propriétaire un mois de recours contre le locataire pour toute réclamation.

Le propriétaire peut user de ce délai de recours tant qu'il n'a pas donné quittance des réparations locatives.

CHAPITRE II

De la LOCATION des USINES, FABRIQUES, MOULINS

Les Membres de la Commission ne se reconnaissant pas la compétence nécessaire pour traiter les conditions de ce chapitre, laissent ce soin à la Commission chargée de reviser le Code des Usages locaux du Département.

CHAPITRE III

De la LOCATION des JARDINS MARAICHERS & des PÉPINIÈRES

ARTICLE 21

La location verbale des jardins maraîchers n'est pas fixée par l'usage, mais le bailleur et le preneur peuvent toujours la faire cesser par un congé délivré six mois à l'avance. Il en est de même pour les pépinières.

L'entrée en jouissance et la sortie ont toujours lieu à Saint-Michel.

ARTICLE 22

Les termes de paiement des loyers des jardins maraîchers et des pépinières sont Pâques et Saint-Michel.

ARTICLE 23

Les locataires des jardins maraîchers et des pépinières sont tenus à la taille des arbres fruitiers et à l'entretien du treillage des espaliers, bordures, plates-bandes et carrés.

ARTICLE 24

Le jardinier dont le bail expire à Saint-Michel a jusqu'à Noël pour l'enlèvement de ses récoltes.

CHAPITRE IV

Des BAUX A FERME

§ I.— Durée des Baux. Paiement des Fermages. Congés

ARTICLE 25

L'entrée en jouissance est fixée à Saint-Michel, pour

les fermes et les terres nues en labour. Pour les herbages ne faisant pas partie d'une ferme, elle a lieu ordinairement à Noël.

Article 26

Les termes de paiement pour les fermages sont : 29 mars et 29 septembre. Les fermages sont payables à l'échéance des termes et le premier terme est exigible six mois après l'entrée en jouissance.

Pour les prairies dont l'entrée en jouissance a lieu à Noël, les termes de paiement sont 25 juin et 25 décembre.

Article 27

La dernière année de la jouissance, le dernier terme est exigible par anticipation le 29 juin ou le 25 septembre précédant la sortie du fermier à Saint-Michel ou à Noël.

Article 28

A l'expiration du bail écrit, s'il s'en opère un nouveau par tacite reconduction, la jouissance cesse à l'expiration de la durée de l'assolement, mais il est nécessaire que congé soit donné par l'une ou l'autre des parties, six mois avant l'expiration de ce terme (loi du 24 octobre 1919).

Article 29

L'ensemencement du trèfle dans les avoines par le fermier sortant, la dernière année de sa jouissance, n'est pas considéré comme donnant droit à la tacite reconduction.

Article 30

En cas de bail établi par périodes, le bailleur ou le preneur doit donner congé une année avant la fin de chaque période, s'il entend faire cesser la location.

§ II. — Nantissement

Article 31

Les limites minimum de nantissement pour un fermier entrant sont :

1° En céréales et fourrages, l'équivalent des 2/3 d'une récolte ordinaire ;

2° En bestiaux, une tête de gros bétail par 1 hect. 50, en tenant compte de la contenance totale de la ferme. La tête de gros bétail, prise pour unité, a pour équivalent : 1 cheval, 1 bœuf, 1 vache, 2 poulains ou 2 veaux d'un an à 2 ans, 3 petits veaux ou poulains de l'année, 8 moutons, 12 agneaux, 4 porcs adultes.

Article 32

Le fermier n'est pas tenu d'avoir un troupeau de moutons, il suffit qu'il possède la quantité de bétail indiquée dans l'article précédent.

Article 33

La moyenne du nombre de bestiaux doit exister constamment sur la ferme, sauf la dernière année de la jouissance pendant laquelle le fermier peut vendre, à partir du 1er mai, les chevaux qui lui sont inutiles, et après le 1er juillet un tiers de ses bestiaux et le reste dans le courant de septembre.

§ III. — Assolement des Terres

Article 34

L'assolement des terres d'une ferme est triennal ou quadriennal dans l'arrondissement du Havre ; l'un ou l'autre est facultatif. Selon l'assolement adopté, il est ensemencé un tiers ou un quart en blé, un sixième en avoine, un sixième ou un huitième en trèfle violet ; pour les autres plantes il n'y a pas de règle. Il est seulement interdit d'ensemencer en seigle ou en orge plus d'un trentième des terres labourables. Pour les deux dernières années, il n'est accordé qu'un soixantième de chacune de ces plantes. Il est également interdit, mais pour la dernière année seulement, de récolter en graines plus d'un soixantième de trèfle violet et un cent vingtième de trèfle incarnat.

Pendant les trois ou quatre dernières années de la jouissance, l'assolement adopté ne doit plus être modifié.

Article 35

L'assolement des terres nues est le même que celui des fermes. Lorsque ces terres sont prises à bail par un fermier qui occupe déjà une ferme, elles doivent suivre leur assolement propre, à moins de convention contraire.

Article 36

Lorsqu'une maison est louée avec une pièce de terre de peu d'étendue (moins de 1 hect.), on ne divise pas l'assolement, on l'alterne. Il en est de même pour une pièce de terre nue dont la contenance ne permet pas la division de l'assolement.

§ IV. — Labours et Semences

Article 37

La jachère pure n'est plus en usage ; les terres anciennement réservées à cet effet sont ensemencées en trèfle incarnat ou en seigle à pâturer ; un douzième des terres labourables doit être consacré à cet ensemencement.

Le fermier sortant doit délivrer à son successeur, au plus tard le dix mai, une partie de terre sur laquelle aura été pâturé du seigle ou du trèfle incarnat, et destinée à être ensemencée en betteraves par le fermier entrant. Elle devra être d'un trentième des terres labourables.

Article 38

Le surplus du trèfle incarnat doit être pâturé ou consommé en vert sur la ferme, et les terres en provenant, délivrées au fermier entrant pour le 1er juillet.

Article 39

Les autres terres doivent être livrées à mesure qu'elles sont dépouillées et au plus tard cinq jours après l'enlèvement des récoltes, à l'exception des bléris ayant porté une récolte de blé qui n'avait pas succédé au trèfle (bléris doux).

Le fermier sortant a la faculté de conserver ceux-ci pendant quinze jours.

Article 40

Si le blé vient à manquer, le fermier sortant peut le remplacer par des céréales, des pommes de terre et des betteraves. Si le trèfle violet et le trèfle incarnat viennent à manquer, le fermier sortant peut les remplacer seulement par des plantes fourragères, destinées à être consommées en vert et sur place. Le trèfle violet peut aussi être remplacé par des betteraves, mais il est interdit d'employer pour cette récolte, du fumier provenant de la ferme.

Ces conditions ne sont obligatoires que pour la dernière année de la jouissance. Au cours du bail, le fermier peut remplacer ses récoltes manquées au mieux de ses intérêts.

§ V. — Pailles et Fumiers. Marnage

Article 41

Les pailles et fumiers appartiennent au fonds, aucune partie n'en peut être distraite et le fermier doit les employer en totalité sur la ferme. Ils sont immeubles par destination, conformément à l'article 524 du Code Civil. Il n'y a d'exception que pour la paille de seigle.

Article 42

Si le fermier a apporté les pailles, il a droit de remporter celles qui proviennent de sa dernière récolte, sauf le droit de rétention du propriétaire résultant de l'article 1778 du Code Civil.

Article 43

Le fermier sortant, la dernière année de sa jouissance, ne peut fumer que les terres du compôt à blé de l'année suivante, et jamais en couverture ; cette faculté d'ailleurs ne lui est acquise que jusqu'au 15 mars ; passé cette date, il ne peut plus porter de fumier sur les terres.

La quantité de fumier que doit laisser le fermier sortant est de 21 mètres cubes par hectare de blé en fumier bien fait. Une quantité moindre peut faire présumer qu'il y a eu détournement de paille ou fumier.

Article 44

Pour les terres écalées, le fermier n'est tenu qu'à l'obligation de les fumer convenablement.

Lorsqu'elles sont louées à un locataire qui exploite un corps de ferme, elles n'ont droit aux fumiers, qu'autant que les récoltes qui en proviennent sont engrangées et consommées sur cette ferme, et cela proportionnellement à leur étendue et à leur culture. Il n'est pas laissé de fumier pour ces terres en fin de jouissance.

Article 45

En cas de partage d'une ferme ou de sa vente au détail, les fumiers doivent être attribués, proportionnellement à leur contenance, aux terres devant être ensemencées en blé l'année suivante.

Article 46

Indépendamment de l'emploi des fumiers, le fermier est obligé de faire parquer ses moutons sur les terres de sa ferme, à raison de 1 mètre carré 50 par mouton, et par suite le parcage lui est absolument interdit sur d'autres terres.

Le fermier sortant a la faculté de donner un léger labour avant le parcage, s'il le juge utile.

Article 47

Le marnage des terres est en usage dans l'arrondissement. Il est appliqué selon la nature du sol et généralement on l'emploie tous les vingt et vingt-cinq ans. Il doit faire l'objet d'une convention entre le bailleur et le preneur.

La quantité de marne employée est ordinairement de 17 à 18 mètres cubes à l'hectare.

§ VI. — Entretien des Réparations

ARTICLE 48

Outre les réparations locatives résultant de l'article 1754 du Code Civil et de l'article 18 ci-dessus, le fermier est encore tenu de réparer et entretenir : 1° les murailles de tous les bâtiments de service et d'exploitation, jusqu'à un mètre de hauteur, tant à l'intérieur qu'à l'extérieur ; 2° Les mangeoires, râteliers, porte-harnais, lits et autres ustensiles, garnissant les écuries et les étables, ainsi que les parties de muraille se trouvant immédiatement au-dessus des mangeoires et à l'intérieur des râteliers ; 3° Les garde-grains et tout ce qui, dans une grange, peut être considéré comme dégradation sur toute la hauteur du corps carré des murailles intérieures ; 4° Les aires de tous les bâtiments, fussent-elles pavées, ainsi que celles des greniers et des granges. Lorsque les aires des granges sont planchéiées, le fermier est aussi tenu aux réparations de menu entretien.

ARTICLE 49

Il est aussi tenu à la réparation du pressoir et de ses ustensiles, lorsque celui-ci appartient au propriétaire.

ARTICLE 50

Le fermier n'est tenu à la réparation du four que lorsqu'il en a fait usage.

ARTICLE 51

Le fermier est chargé de l'entretien des couvertures en chaume. La durée moyenne de ces couvertures étant de dix-huit années, il est tenu d'en faire à neuf chaque année l'équivalent d'un dix-huitième de la totalité, en fournissant tout ce qui est nécessaire : gaulettes, torchettes et pointes, et cela sans préjudice de l'entretien et des réparations. L'épaisseur moyenne d'une couverture en paille doit être de trente centimètres.

Les découvertures appartiennent au fonds et ne peuvent en aucun cas être enlevées.

Article 52

Les réparations des couvertures autres que celles en paille, ainsi que des gouttières sont à la charge du fermier. Il en est dispensé lorsqu'elles sont à l'état de vétusté, de même que des réparations occasionnées par des cas fortuits.

Article 53

Le fermier doit encore réparer et entretenir les barrières et pals, les échelles, les marches des montées, les crémaillères des greniers, dites casse-cou.

Article 54

Il doit entretenir, lier et tondre les haies vives ordinaires au moins une fois par an.

Pour les clôtures et barrages, soit en fil de fer, soit en bois, il doit la réparation des fils brisés et le remplacement des pieux et barres manquants, sauf vétusté. Il est également tenu à la réparation des murs de clôture, mais jusqu'à 1 mètre de hauteur seulement.

Article 55

Il est d'usage que le fermier ait à son profit le bois des arbres fruitiers qui meurent ou qui tombent sans pouvoir être relevés, à charge par lui de les remplacer par une ente de première qualité.

Il doit armer les entes de façon à les préserver des atteintes des bestiaux.

L'usage de serfouir les jeunes pommiers tous les trois ans n'est plus pratiqué.

L'élagage des arbres fruitiers appartient au fermier, mais il ne peut le pratiquer au cours des trois dernières années de son bail qu'après autorisation préalable du propriétaire.

Article 56

L'ébranchage des arbres de haute futaie appartient au fermier qui, en compensation, doit relever les fossés en dedans et en dehors, sans en diminuer l'épaisseur. Les coupes doivent être égales autant que possible et être menées par neuvièmes, sans anticipation d'une coupe sur l'autre. Il devra laisser à chaque arbre un coupeau égal au quart de sa hauteur.

Article 57

Il est encore tenu chaque année, dans les masures, herbages et prairies, d'arracher les mauvaises plantes, telles que ronces, orties, épines et autres et de faucher les chardons avant la floraison

Article 58

Il doit également réparer les chemins ou chaussées servant spécialement à l'exploitation de la ferme, en fournissant les matériaux nécessaires.

Le curage des mares et rivières, canaux, fossés et rigoles qui traversent ou longent les terres, est à sa charge.

Article 59

Il n'est plus d'usage que le fermier fournisse la boisson aux ouvriers qui travaillent pour le bailleur à l'entretien des bâtiments.

ARTICLE 60

Lorsque le fermier est obligé de faire des charriages pour le compte du bailleur, ces charriages ne peuvent s'arrérager. Il en est de même pour les fournitures et faisances. Les charriages ne peuvent excéder 30 kilomètres aller et retour.

ARTICLE 61

Le fermier sortant doit avoir fait les réparations qui sont à sa charge avant le 24 juin précédant sa sortie ; passé ce délai, le montant en est exigible en argent. Il peut toujours exiger quittance partielle des réparations de maçonnerie et terrage des bâtiments dont le fermier entrant prend possession.

L'usage donne au propriétaire six mois de recours contre le fermier pour le défaut des réparations restant à faire.

Lorsque le fermier entrant juge utile de faire dresser un état de lieux, celui-ci doit être fait dans la première année de sa jouissance.

§ VII. — Rapports entre le Fermier sortant et le Fermier entrant

ARTICLE 62

Le fermier entrant a droit à un logement provisoire pour lui, ses domestiques et ses chevaux, à partir du 1er mai qui précède son entrée.

ARTICLE 63

Le logement qui doit être délivré au fermier entrant,

comme logement personnel, est le four, ou à défaut, tout autre appartement muni d'une cheminée et ne faisant pas partie de la maison d'habitation.

Article 64

A partir du 1er mai, le fermier entrant a toute liberté d'aller et venir sur sa nouvelle exploitation ; il a droit à une écurie ou tout autre emplacement pour loger ses chevaux.

A partir du 24 juin, à une proportion de greniers, pour loger ses fourrages et à l'usage des deux tiers des granges, et notamment à la partie où se trouve la machine à battre.

Tous deux, à partir du premier mai, ont réciproquement le droit, de jour comme de nuit, d'apporter ou d'enlever du mobilier ou des récoltes. A cet effet, l'ouverture des barrières doit toujours rester libre.

Article 65

Dès l'époque du brassage qui précède l'entrée en jouissance, le fermier entrant a droit à un appartement pour y installer la provision de cidre nécessaire à sa consommation pendant les travaux préparatoires, jusqu'au jour de son entrée.

Article 66

Il peut exiger jusqu'au 24 juin la paille qui lui est nécessaire pour la litière seulement de ses chevaux, mais non pour leur nourriture.

Article 67

Il a droit à la jouissance en commun avec le fermier sortant, des puits, citernes et mares.

Article 68

Dès le premier février, s'il le juge convenable, le fermier entrant a le droit de faire recueillir les gernottes et autres plantes nuisibles, sur les terres destinées aux semences printanières, mais cette faculté cesse aussitôt l'ensemencement terminé.

Article 69

Les bâtiments que le fermier sortant peut conserver après la cessation de sa jouissance, sont les mêmes que ceux qu'il avait livrés par anticipation au fermier entrant, soit pour son logement et celui de ses domestiques, soit pour le logement des chevaux qui doivent enlever ses dernières récoltes. Il a droit en plus à un emplacement pour loger ses pommes à cidre. Il peut conserver ces bâtiments, ainsi qu'un tiers des granges jusqu'à Noël après sa sortie.

Article 70

Le fermier sortant a encore droit aux mares, puits et citernes, tant qu'il conserve son logement personnel et celui de ses chevaux.

Il peut aussi faire des meules de grain sur les terres de la ferme qui ne doivent point être ensemencées avant l'hiver par le fermier entrant. Il a droit de les laisser jusqu'à Noël.

Article 71

Le fermier entrant peut cultiver, comme bon lui semble, les terres qui lui sont délivrées en vertu des articles 37, 38 et 39 ci-dessus, et le fermier sortant ne doit donner aucun labour à ces terres.

ARTICLE 72

A partir du 1er avril, le fermier entrant prend possession des fumiers pour les aménager à sa convenance, et au jour de Saint-Jean-Baptiste la libre disposition des pailles lui est accordée sous réserve de la partie nécessaire à la litière des bestiaux du fermier sortant.

ARTICLE 73

Cinq jours avant de semer son avoine, le fermier sortant doit en prévenir le fermier entrant pour que celui-ci puisse y semer le trèfle destiné à être récolté l'année suivante. Le fermier entrant doit faire cette semaille au jour indiqué et le sortant doit herser et rouler convenablement, sans qu'aucun des deux puisse y travailler après sous quelque prétexte que ce soit.

ARTICLE 74

Le trèfle ne peut être coupé qu'une fois, ce qui resterait à pâturer après l'expiration du bail appartient au fermier entrant. Il est formellement interdit au fermier sortant de faire pâturer les jeunes trèfles. Pour les herbages clos, les deux dernières années du bail, le fermier sortant ne peut en faucher plus d'un tiers chaque année. En ce qui concerne la luzerne elle peut être fauchée deux fois, la troisième pousse peut être fauchée ou pâturée ; ce qui resterait après Saint-Michel appartiendrait au fermier entrant.

ARTICLE 75

Le fermier sortant peut conserver en terre, après l'expiration de son bail, les récoltes qui n'ont point encore atteint leur maturité : pommes de terre, carottes, betteraves, mais sans que cette faculté puisse dépasser, pour les terres destinées à être emblavées en blé, le 15 octobre, et pour les autres, le 20 novembre. Les terres occupées par le trèfle en graines doivent être libres au plus tard le 8 octobre.

ARTICLE 76

Les fruits ne sont récoltés qu'à leur maturité, toutefois ils doivent être enlevés à Noël au plus tard.

Les pommes de quête doivent être recueillies avant neuf heures du matin et les bestiaux ne peuvent être lâchés qu'après cette heure et doivent être entravés de façon à ne pouvoir atteindre les branches des pommiers.

Les bestiaux doivent être rentrés à 18 heures.

CHAPITRE V

De la LOCATION des PRAIRIES, HERBAGES, VERGERS

ARTICLE 77

Pour les prairies et herbages non plantés, la location a lieu à Noël dans tout l'arrondissement du Havre.

Cette location se fait à l'année.

ARTICLE 78

Pour les vergers ou masures plantés, l'entrée en jouissance est fixée à Noël.

La location se fait aussi à l'année.

ARTICLE 79

Les termes de paiement pour les prairies, herbages et masures ou vergers, sont Saint-Jean et Noël.

Le dernier terme doit être payé trois mois avant son expiration.

Article 80

Les prairies irriguées peuvent être fauchées deux fois par année, sans obligation de fumure.

Les rigoles doivent être entretenues par le fermier.

Article 81

Les prairies d'alluvions ne peuvent être fauchées qu'une fois par an.

Les « creux » doivent être fauchés deux fois par an : mai et septembre, et curés tous les trois ans. sauf les « creux » dits porte-eau, qui doivent être curés tous les ans.

Les creux de digue doivent avoir 1 m. 66 de largeur, les autres doivent avoir deux mètres.

Les rigoles ont de 0 m. 20 à 0 m. 25 et doivent aussi être entretenues par le fermier.

CHAPITRE VI

De la LOCATION des BOIS TAILLIS, OSERAIES JONCS-MARINS et BRUYÈRES

Il n'existe pas d'oseraie dans l'arrondissement, les joncs-marins et bruyères n'ont aucune valeur et la question des bois-taillis est examinée au chapitre suivant.

Deuxième Partie

CHAPITRE PREMIER

AMÉNAGEMENT des BOIS

§ Ier. — Bois Taillis

ARTICLE 82

Tous les bois au-dessous de trente ans sont réputés taillis (art. 60 de la loi du 3 frimaire, an VII).

L'usage général dans l'arrondissement du Havre fixe à neuf ans l'âge de la coupe des bois taillis.

Lorsque les bois sont d'une grande étendue, ils peuvent être aménagés à quinze, dix-huit, vingt-quatre, et même trente ans.

La coupe doit se faire tant pour le fermier que pour l'usufruitier, suivant l'ordre et l'âge adoptés par le propriétaire.

ARTICLE 83

La coupe doit se faire après la chute des feuilles et avant la montée de la sève (excepté pour les chênes destinés à faire du pelard), c'est-à-dire depuis le 1er novembre jusqu'au 15 avril.

ARTICLE 84

Les bois provenant de la coupe de l'année doivent être enlevés ou mis en parc au 15 avril.

ARTICLE 85

L'élagage des taillis n'est pas en usage dans l'arrondissement.

ARTICLE 86

L'usage de faire du pelard n'existe que dans le canton de Lillebonne.

ARTICLE 87

L'usufruitier ne peut invoquer l'usage de faire du pelard pour les bois qui n'y étaient pas soumis par le propriétaire.

ARTICLE 88

On doit laisser dans les taillis des baliveaux de graine ou à défaut de souche, en nombre suffisant pour qu'avec les anciens il y en ait 35 par hectare.

ARTICLE 89

Il est interdit d'introduire des bestiaux pour le pâturage dans les bois taillis, quelque soit leur âge.

§ II. — Haute Futaie

ARTICLE 90

Les arbres de haute futaie, qu'ils soient sur des fossés en élévation ou plantés en massif ou en avenue ne sont soumis à aucune coupe réglée ; par suite, l'usufruitier n'y a aucun droit.

ARTICLE 91

Les arbres plantés sur les fossés en élévation ne doivent jamais être abattus à coupe blanche, ils doivent toujours être déracinés.

Les trous doivent être rebouchés immédiatement et les fossés relevés et rebattus de manière à être en bon état.

§ III. — Produits Annuels et Périodiques des Arbres

Article 92

Les produits annuels sont l'émondage et l'enlèvement du bois sec dans les arbres soit fruitiers, soit forestiers ; l'usage à cet égard est général.

Article 93

Les produits périodiques sont l'élagage et l'ébranchage.

Ils sont en usage dans tout l'arrondissement, sauf pour les arbres résineux et les arbres d'agrément qui n'y sont pas soumis.

Ils se règlent comme suit :

1° Pour les arbres dans les bois taillis, en même temps que la coupe du taillis.

2° Pour les arbres dans les haies à pied, en même temps que la coupe des haies.

3° Pour les arbres sur les fossés en avenue, en massifs ou isolés, tous les neuf ans.

Article 94

Les arbres ne doivent jamais être ébranchés en entier, on doit laisser intacte une cime ou coupeau du quart de la hauteur de l'arbre , avec un maximum de quatre mètres. Les têtards seuls s'ébranchent entièrement.

L'ébranchage doit avoir lieu en hiver, à la même époque que la coupe des bois taillis, du 1er novembre au 15 avril.

CHAPITRE II

ARBRES des PÉPINIÈRES

Il n'existe pas d'usage pour la transplantation des arbres des pépinières. Elle est réglée par la demande et la convenance des pépiniéristes et des acheteurs.

CHAPITRE III

PLANTATIONS

Article 95

Le réglement du 17 août 1751 de la Coutume de Normandie exige que les pommiers et les arbres de haute futaie soient plantés à 2 mètres 33 du fonds voisin. Il en est de même pour les arbres de haut jet plantés sur les fossés (articles 5 et 6).

Article 96

Dans les propriétés closes de murs, l'usage exige la même distance pour les arbres fruitiers, sauf en ce qui concerne les espaliers et les arbres qui ne dépassent pas la hauteur des murs de clôture.

Article 97

La distance de 2 mètres 33 pour les plantations d'arbres de haut jet doit être observée quelle que soit la nature des héritages.

Article 98

Pour les plantations le long des chemins vicinaux, la distance à observer est de deux mètres pour les arbres fruitiers, un mètre pour les arbres de haut jet ou forestiers et de 0 m. 50 pour les bois-taillis (art. 184 du règlement préfectoral du 17 juillet 1872).

La distance des arbres entre eux ne peut être inférieure à 5 mètres.

ARTICLE 99

Pour les plantations le long des chemins de halage, la distance à observer du côté opposé à la rivière est de 3 mètres 33 (Ord. de 1669, titre XXVIII, art. 7 encore en vigueur).

ARTICLE 100

Les distances ci-dessus doivent être observées pour toutes les natures de plantations, même lorsque les propriétés sont séparées par une voie publique.

CHAPITRE IV

CLOTURES

§ Ier. — Fossés

ARTICLE 101

Il existe deux genres de fossés ; le fossé en élévation sur lequel on plante généralement des arbres de haute futaie, et le fossé en creux, tel qu'il est expliqué à l'art. 666 et suivants du Code Civil.

ARTICLE 102

Les fossés en élévation ne peuvent être placés à fin d'héritage ; on doit laisser entre le pied du fossé et la terre voisine, une distance de 0 m. 50 pour la réparation.

La hauteur est généralement de 1 mètre 66, prise verticalement du pied du fossé. La largeur n'est pas déterminée.

ARTICLE 103

Les anciens fossés, actuellement plantés de grands arbres, peuvent être réparés et replantés dans les distances où étaient les arbres abattus (art. 14 du règlement de 1751).

§ II. — Haies vives

ARTICLE 104

Les haies vives doivent être plantées à 0 m. 50 du terrain du voisin (art. 671 du Code Civil). Il en est de même des clôtures en ronces artificielles, lisses, barrages, etc., etc...

ARTICLE 105

La hauteur des haies est habituellement de 1 m. 50.

ARTICLE 106

L'épaisseur des haies n'est pas indiquée par l'usage. Il ne peut en exister pour les haies non mitoyennes, attendu qu'elles ne peuvent être l'objet de difficultés tant que leur épaisseur ne vient pas anticiper sur le voisin.

ARTICLE 107

Les haies vives entre jardins doivent être tondues deux fois par an.

ARTICLE 108

Les propriétaires d'une haie mitoyenne sont tenus de l'entretenir en bon état de clôture, chacun de son côté, et aucun d'eux ne peut y laisser croître des baliveaux ou grands arbres.

ARTICLE 109

L'usage permet au propriétaire qui bâtit un mur de construire à fin d'héritage, mais à la condition que ce mur n'aura ni chaperon, ni larmier du côté du voisin.

Dans le cas où il y aurait un larmier ou chaperon, on doit laisser un espace de 0 m. 50.

ARTICLE 110

La hauteur des murs n'est pas fixée par l'usage. Par suite, on doit se conformer à l'article 663 du Code Civil qui dit : qu'à défaut d'usages constants et reconnus, tout mur de séparation entre voisins, doit avoir au moins 3 m. 20 de hauteur, compris le chaperon, dans les villes de 50.000 âmes, et 2 m. 60 dans les autres.

CHAPITRE V

CONSTRUCTIONS SUSCEPTIBLES de NUIRE au VOISIN

CHEMINÉES

ARTICLE 111

Lorsqu'une cheminée est adossée contre un mur en maçonnerie mitoyen ou non, il n'y a pas de distance à observer.

Si le mur est construit en bois, il faut un contre-mur à une distance de 0 m. 30.

Ce contre-mur doit s'élever à 2 mètres de hauteur.

Article 112

Lorsqu'on construit une cheminée dans une maison moins élevée que la maison voisine, on est obligé d'élever cette cheminée jusqu'à 1 mètre au-dessus du comble de cette dernière maison.

Si de deux maisons primitivement de la même hauteur, l'une est surélevée, le propriétaire de celle-ci n'est pas tenu d'exhausser les cheminées de la maison voisine contiguë, qui conserve sa hauteur primitive.

CITERNES et FOSSES D'AISANCES

Article 113

Pour la construction d'une citerne ou d'une fosse d'aisance, l'art. 613 de la coutume de Normandie exige un contre mur de 1 mètre d'épaisseur près d'un mur mitoyen ou non.

La nécessité d'un pareil contre-mur n'est pas reconnue par l'usage, en ce qui concerne les caves, mais elle l'est en cas de construction d'une fosse à fumier. L'usage ne fixe pas les matériaux à employer, il suffit que toute atteinte à la propriété voisine soit empêchée, et qu'il n'y ait aucune infiltration.

FORGES, FOURS et FOURNEAUX

Article 114

Pour une forge, four ou fourneau contre un mur mitoyen, l'art. 614 de la Coutume est resté en vigueur à titre d'usage. On doit laisser 17 centimètres d'intervalle entre les deux. De plus le mur de la forge, du four ou du fourneau doit avoir 33 centimètres d'épaisseur.

ÉCURIES et ÉTABLES

ARTICLE 115

Lorsqu'on bâtit une écurie ou une étable contre un mur mitoyen ou non, la construction d'un contre-mur en maçonnerie est en usage. L'épaisseur la plus généralement admise est de 33 centimètres et la hauteur de deux mètres.

MAGASINS de SEL et MATIÈRES CORROSIVES

ARTICLE 116

Pour les magasins de sel et autres matières corosives, il est d'usage d'établir un contre-mur contre le mur mitoyen ou non. L'épaisseur de ce contre-mur est de 33 centimètres, sa hauteur et sa longueur, celles des magasins eux-mêmes.

CHAPITRE VI

LARMIER, TOUR d'ÉCHELLE, FRUITS Tombés sur le Voisin

ARTICLE 117

Le larmier est une servitude d'égoût et son existence ne peut faire supposer à celui à qui il appartient la propriété du terrain sur lequel il s'étend ; sa largeur est de 40 à 50 centimètres dans l'arrondissement du Havre.

La servitude d'égoût ou de gouttière est une servitude continue et apparente qui peut s'acquérir par titre ou par la prescription de 30 ans.

ARTICLE 118

Le tour d'échelle est une servitude qui ne s'établit que par titre ; son étendue est de deux mètres à partir de la paroi extérieure du mur.

ARTICLE 119

Les fruits tombés naturellement des branches des arbres du voisin appartiennent à celui sur la propriété duquel avancent les branches (Loi du 20 août 1881).

CHAPITRE VII

MATURITÉ des FRUITS au point de vue de la Saisie Brundon

ARTICLE 120

L'époque à laquelle commencent les six semaines qui précèdent la maturité des fruits est fixée au 24 juin pour le blé, le seigle, l'avoine et l'orge ; au 1er juin pour le colza, le lin et les plantes fourragères.

ARTICLE 121

Pour les fruits pendant par branches ou par racines, elle commence le 1er septembre.

CHAPITRE VIII

GLANAGE

ARTICLE 122

L'usage de glaner existe dans toutes les communes de l'arrondissement, de temps immémorial.

Le glanage consiste à ramasser à la main les épis de blé, dans les champs non clos. Il ne peut être exercé que par les indigents, depuis le lever jusqu'au coucher du soleil et après l'enlèvement entier de la récolte.

Le glanage est réglementé par les deux arrêtés du Parlement de Normandie en dates des 20 juillet 1741 et 21 juillet 1749, lesquels ont toujours force de loi et sont observés aujourd'hui.

ARTICLE 123

Le ratelage appartient au fermier et n'est jamais permis aux indigents.

ARTICLE 124

Le propriétaire ou fermier ne peut envoyer pâturer ses bestiaux dans le champ dépouillé de sa récolte que 24 heures après l'enlèvement de sa récolte.

CHAPITRE IX

PARCOURS, -- VAINE PATURE

Ni l'un ni l'autre n'ont jamais existé dans l'arrondissement du Havre.

CHAPITRE X

BORNAGE

ARTICLE 125

Le bornage est obligatoire et ne peut être refusé par le voisin malgré l'existence de pieds cormiers d'un divis en terre ou d'autres signes de séparation ayant constitué une délimitation.

Les bornes sont généralement en pierre calcaire, grés ou silex, et sont enfoncées à une profondeur qui varie de 25 à 35 centimètres, avec sommet de 15 à 20 centimètres au-dessus du sol. Des fragments de tuiles, de poterie, de verre brisé, du déchet de forge, que l'on nomme témoins, sont placés dessous pour leur donner un caractère probant.

CHAPITRE XI

MARCHÉS

Article 126

Le marché est définitif par le seul accord sur le prix dans les ventes de bestiaux.

Pour la vente des chevaux, il n'est généralement définitif qu'après qu'ils ont été agréés et livrés.

Article 127

La vente des grains dans les marchés se fait exclusivement au poids.

Article 128

La vente des pommes à cidre a lieu au poids ou à la mesure d'un demi-hectolitre, lequel doit être comble (jusqu'à pomme roulante).

Article 129

Le beurre est vendu au demi-kilo. Les œufs sont vendus à la douzaine.

Article 130

La vente des pailles et des fourrages se fait en bottes et au cent.

Le poids en est très variable et doit être déterminé par les parties.

L'usage veut que le vendeur délivre 4 % en plus de la quantité payée.

ARTICLE 131

Les fagots, bourrées et cotrets se vendent au cent, sur le pied de 104 %.

ARTICLE 132

Le bois de chauffage, autre que les fagots, bourrées et cotrets, se vend au stère ou à la corde.

La corde est de 24 pouces de largeur, sur une longueur de 8 pieds anciens et de 4 pieds de hauteur.

CHAPITRE XII

LOUAGE D'OUVRAGE

§ Ier. — Domestiques attachés à la personne

ARTICLE 133

L'usage considère comme attachés au service de la personne tous les domestiques qui ne sont point attachés à la culture des terres ou au service d'une exploitation, et dont le service a lieu à l'intérieur de la maison.

ARTICLE 134

L'engagement entre le maître et le domestique se forme partout verbalement.

L'usage de donner un denier à Dieu, ou arrhes, n'existe plus.

ARTICLE 135

Les domestiques se louent au mois et les gages sont payés au mois.

ARTICLE 136

L'engagement peut être rompu par le maître ou le domestique à toute époque de l'année, après un avertissement qui doit être donné réciproquement huit jours à l'avance.

ARTICLE 137

Si la rupture de l'engagement a lieu pour faute grave, aucun délai ne doit être observé.

§ II. — Domestiques attachés à la Culture

ARTICLE 138

Sont considérés comme domestiques attachés à la culture, tous ceux qui sont employés dans les exploitations agricoles, tels que charretiers, valets de charrue, garçons de ferme, hommes employés à l'année, bergers et bergerons, vachers, bouviers, servantes et filles de basse-cour.

L'engagement se fait toujours verbalement

ARTICLE 139

L'usage de donner des arrhes ou denier à Dieu n'existe pas pour les domestiques attachés à la culture. Une fois l'engagement formé, le maître et le domestique sont liés l'un envers l'autre. Toutefois l'engagement peut être rompu de part et d'autre avant l'entrée en service.

ARTICLE 140

L'engagement des domestiques attachés à la culture

se fait généralement pour une année. Le paiement a lieu mensuellement sans que cette condition puisse être une présomption contre l'engagement à l'année.

Article 141

L'époque d'entrée en service des domestiques attachés à la culture est le 29 septembre.

La sortie de service a lieu le jour du terme, après le repas de midi, et l'entrée dans le courant de l'après-midi.

Article 142

L'engagement entre le maître et les domestiques attachés à la culture doit être continué pendant tout le temps pour lequel il a été contracté, à moins que la rupture ne soit occasionnée par des motifs graves. En ce cas le départ peut avoir lieu immédiatement.

Toute rupture de contrat non justifiée donne lieu à une indemnité à fixer par le Juge.

Article 143

L'engagement à l'année ne se continue pas par tacite reconduction. Il est d'usage de le renouveler par une nouvelle convention conclue avant l'expiration du terme.

§ III. — Moissonneurs

Article 144

L'engagement a lieu souvent pour la durée de la moisson ou pour un nombre de jours déterminé. Il ne peut être rompu au cours de la moisson.

§ IV. — Journaliers et Ouvriers

ARTICLE 145

La durée de travail pour les ouvriers agricoles est subordonnée aux nécessités saisonnières.

R. GAYANT,

Président de la Société d'Agriculture Pratique de l'Arrondissement du Havre ;

J. de CONINCK,

Président de la Société d'Encouragement à l'Agriculture de l'Arrondissement du Havre ;

E. SANSON,

Président de l'Association Agricole de St-Romain.

B. LEFEBVRE,

Président de la Commission de Rédaction.

www.ingramcontent.com/pod-product-compliance
Ingram Content Group UK Ltd.
Pitfield, Milton Keynes, MK11 3LW, UK
UKHW021101270726
13994UKWH00009B/1730

9 782329 036502